L_n^{27} 12333

FASTES NOBILIAIRES

NOTICE HISTORIQUE

SUR

M. LE COMTE LEPELETIER D'AUNAY,

PUBLIÉE PAR

MM. TISSERON ET DE QUINCY.

PARIS
AU BUREAU CENTRAL DE L'ADMINISTRATION
RUE DU FAUBOURG SAINT-MARTIN, 61.

1845

M. LE COMTE

LEPELETIER D'AUNAY

(LOUIS-CHARLES)

La célébrité historique du parlement de Paris, le premier du royaume, n'est pas seulement fondée sur l'importance politique et judiciaire que ce grand corps avait acquise sous l'ancienne monarchie. A partir de Philippe-le-Bel, qui le rendit sédentaire en 1302, elle est justifiée, en outre, par le profond savoir, l'intégrité et les mœurs austères de ses membres. C'est donc à bon droit que certaines prérogatives étaient attachées à l'exercice de cette haute magistrature, celle, entr'autres, qui conférait la noblesse à ceux qui, en y entrant, n'appartenaient point à cet ordre. Or, le parlement se recrutait surtout dans les familles distinguées de la bourgeoisie et du barreau. Par là ces familles formaient ce qu'on appelait la noblesse de robe; et cette noblesse prétendait, avec raison, marcher l'égale de la noblesse de race ou d'épée, avec laquelle, en effet, elle se confondait par des alliances. De là ces belles et pures illustrations parlementaires dont plusieurs ont encore de nos jours de dignes représentants de leur nom et de leurs vertus. Telle est celle de la famille de M. le comte Lepeletier d'Aunay, qui, bien que d'origine bretonne, occupait les premiers postes de l'Anjou, sous les anciens comtes de cette province. La filiation non interrompue de ses ancêtres remonte à Pierre Lepeletier, personnage notable par sa science autant que par sa position sociale, lequel habitait la ville du Mans vers le milieu du quinzième siècle, et à la fin du seizième nous voyons un de ses descendants conseiller au parlement qui fut transféré à Tours, par Henri III, en février 1589.

On trouve dans cette illustre maison des conseillers, des présidents à mortier, des premiers présidents du parlement en grand nombre; des conseillers et des ministres d'état, des contrôleurs-généraux des finances et de la maison du roi, des intendants des bâtiments de la couronne, des gouverneurs et des intendants de province, des surintendants des postes, des grands baillis d'épée, des chevaliers de Malte, des abbés et des abbesses de monastère, des évêques. Aussi a-t-elle contracté des alliances avec les puissantes maisons de Rochechouart, Guerchy, Saulx-Tavannes, Bouthilier-Chavigny, Fénélon, Puységur, Lamoignon, de Malherbes, d'Aligre, Montmorency, etc.

La branche aînée de la famille Lepeletier s'éteignit dans la personne d'Augustine Hélène qui mourut en 1746, veuve du marquis de Belbeuf.

Le second rameau de la première branche est aujourd'hui représenté par M. le comte Lepeletier d'Aunay, objet de la présente notice, et par ses deux frères; le comte Hector et le baron, préfet sous le règne impérial, actuellement vice-président de la Chambre des députés, qui reconnaissent pour souche : Claude Lepeletier, seigneur de Villeneuve-le-roi, de Montmélian, Morfontaine, etc., né en 1631, conseiller, comme son père, au parlement en 1673, contrôleur général des finances et ministre d'état en 1683, après la mort de Colbert; mais lorsque en 1689, la rupture du traité de Nimègue fit éclater la guerre de nouveau, il donna sa démission pour ne pas manquer aux engagements financiers qu'il avait pris; mais il conserva son titre de ministre d'état et son entrée au conseil. Président à mortier en 1686 et surintendant des postes en 1691, il renonça spontanément à ces deux grandes charges en 1697, pour vivre dans la retraite. Il mourut en 1711, laissant dix enfants, dont quatre garçons et six filles, provenus de son mariage avec la veuve de

Jean de Sourcy, conseiller au grand conseil, et fille de Fleuriau, secrétaire du roi.

La descendance masculine de Claude Lepeletier a été continuée par un seul de ses fils, Louis I𝑒𝑟 du nom, qui hérita de ses terres seigneuriales, car Michel était évêque d'Angers; Charles Maurice, abbé de Saint-Aubin de la même ville, et Claude ne fit aucune alliance. Il eut la survivance de président à mortier du parlement en 1639, les fonctions en 1697 et il devint premier président en 1707; épousa la fille unique de Joseph de Coskaer, seigneur de Rosanbo, de Parach et autres lieux en Bretagne; morte en 1693. En secondes noces, la fille unique aussi de J. Lemairat, seigneur de Verville, conseiller au grand conseil. Louis Lepeletier II𝑒, marquis de Rosanbo, baron de Rosanbo, baron de Poussé, occupa les mêmes charges que son père. Louis Lepeletier III𝑒, contracta mariage en 1738 avec Marie-Claire, fille unique de Charles de Mesgrigny, comte d'Aunay, lieutenant-général des armées du roi, qui avait pour grand'mère Charlotte Leprestre de Vauban, l'une des deux uniques filles du maréchal de France de ce nom et de Jeanne d'Osnay, dame d'Epiry. Il suit de là que M. le comte Lepeletier d'Aunay, issu, en ligne directe de Louis III (un des fils de Louis IV forma le rameau des Lepeletier, seigneurs des Forts et de Saint-Fargeau), peut se dire à juste titre un des arrières-descendants de l'illustre Vauban, dont la postérité masculine s'éteignit en lui, puisque, comme on l'a déjà remarqué, il ne laissa que deux filles. C'est donc mal à propos que les journaux ont récemment annoncé la mort d'un officier supérieur d'artillerie, qu'ils ont qualifié de dernier petit-fils du grand Vauban. Ils ont confondu la maison Dupuy, titulaire de la seigneurie de Vauban, terre située aux environs de Charolles (Bourgogne), avec la maison Leprestre, qui possédait celle de Vauban, près de Vezelay (Nivernais). M. le comte Lepeletier a soigneusement recueilli, dans les archives de son château d'Aunay, à vingt kilomètres de Château-Chinon (Nièvre), une grande partie de chartes et documents originaux ayant appartenus à la maison de Vauban du Nivernais. Il a publié même plusieurs lettres autographes de Louis XIV (de 1688 à 1697), soit en réponse à celles du maréchal, qui lui avait rendu compte de ses opérations, soit pour le consulter ou lui donner des ordres (1).

Les armes de la maison Lepeletier sont : *d'azur à la croix pattée d'argent, chargée en cœur d'un chevron de gueules; et en pointe d'une rose boutonnée d'or; le chevron accosté de deux molettes d'éperon de sable, sur la traverse de la croix.*

Le père de M. Lepeletier d'Aunay, d'abord colonel du premier régiment de cavalerie, fut fait maréchal de camp

---

(1) Journ. de l'*Inst. hist.*, n° 29 (an 1837), p. 222 et suiv.

en octobre 1789; il mourut en 1831, dans sa quatrevingtième année.

M. le comte Lepeletier d'Aunay (Louis-Charles), né à Aunay, le 27 juin 1773, chef actuel de sa branche, après avoir fait ses études à l'École militaire d'Auxerre, entra à celle d'artillerie de Strasbourg; il en sortit sous-lieutenant du corps royal d'artillerie, arme de Vauban, son illustre aïeul. Il fut attaché au régiment du nom de cette ville, dont le marquis de Puységur, son oncle maternel, était colonel. Mais bientôt le développement funeste des doctrines anarchiques qui, un peu plus tard, couvrirent la France d'échafauds, ayant porté la désorganisation dans l'ancienne armée, il fut enfermé comme suspecté d'*incivisme*, c'est-à-dire comme ennemi du désordre et de la démagogie.

Présenté au nouveau chef du gouvernement en 1806, l'empereur lui demanda s'il était disposé à accepter quelque emploi : — « Oui, Sire, je suis prêt à servir mon pays. » Cette réponse conditionnelle et un peu évasive du jeune comte ne parut point à Napoléon suffisamment empreinte du caractère de dévouement à sa personne, dont il était déjà accoutumé à recevoir les témoignages; aussi borna-t-il là ses questions, et il va sans dire que dès lors aucune offre ultérieure de service ne fut faite à M. d'Aunay. Pourquoi, à la fleur de l'âge, et portant un nom considérable et considéré, se résigna-t-il avec tant d'indifférence à l'inactivité? on l'ignore; cependant il s'y détermina, selon toute apparence, 1° parce que, veuf en premières noces avec dame Elisabeth-Marie Colbert-Maulevrier . . . . de sa cousine germaine, il s'était remarié en avril 1804, circonstance qui lui imposait des sollicitudes, dont il ne voulut pas être distrait. 2° Parce que le nouvel ordre de choses n'avait probablement pas obtenu ses intimes sympathies, car tout en applaudissant, dans la sincérité de son cœur tout français, aux glorieux triomphes de nos armes, il lui fut impossible d'oublier que, sur la terre d'exil, existaient les légitimes héritiers d'un trône à la splendeur duquel ses ancêtres avaient concouru par les plus éminents services. 3° Parce qu'en conservant son indépendance, il put se livrer en toute liberté à ses goûts, en quelque sorte innés, pour la culture des lettres. Ce dernier motif paraît avoir exercé sur les destinées de M. le comte d'Aunay, une influence qu'il est facile d'apprécier. Cette influence a été telle, que quoiqu'il ait salué avec enthousiasme le retour des Bourbons, en 1814, il ne s'est jamais détourné, sous la restauration, de la voie où il s'était engagé. Les seules fonctions qu'il ait exercées durant cette période, sont celles de membre du conseil général du département de la Nièvre, où ses propriétés sont situées, pendant les années 1817 et 1818.

M. d'Aunay a simultanément dirigé ses études sur plusieurs points des connaissance humaines. D'abord il possède l'histoire dans son ensemble général, et ce qui est peu commun dans ses faits les plus particuliers; aussi la considère-t-il, suivant l'expression d'un auteur moderne (Ségur), comme *renfermant l'expérience du monde et la raison des siècles.*

La littérature anglaise, dont il parle et écrit la langue avec la facile pureté d'un *gentleman*, a aussi pour lui un puissant attrait; et entr'autres productions de cette littérature, dont il a enrichi la nôtre, nous citerons en premier lieu, sa traduction de l'ouvrage intitulé : *Le Citoyen du monde, par Goldsmith*, publié sous ses initiales L. P. A., en 1835, deux vol. in-8°; et en second lieu, celle des poésies du célèbre Jonathon Swift (surnommé le *Rabelais de l'Angleterre*, auteur du *Voyage de Gulliver*), dont il n'a paru que des fragments (1) qui font vivement désirer la publicité entière de l'œuvre.

Partisan éclairé du magnétisme dans les mystères duquel M. de Puységur l'avait initié, M. le comte Lepeletier d'Aunay a écrit sur cette matière une foule d'articles très curieux dans la *Bibliothèque* et dans les *Annales du magnétisme*, ainsi que dans l'*Hermès*, recueils périodiques qui font autorité. Il a également fourni d'intéressantes dissertations sur des questions morales ou sociales à la

(1) *L'Investigateur.*

Lecture, revue mensuelle, religieuse et littéraire, dont il est un des directeurs-propriétaires, ainsi qu'au journal l'*Investigateur*, que publie l'Institut historique, société savante dont il est un des membres distingués. Cette société l'a fréquemment choisi pour la présider, et à la consolidation de laquelle il a concouru, il y a quelques années, par le généreux empressement qu'il mit à venir pécuniairement à son secours dans les moments difficiles où elle se trouva sous sa première administration. Chez lui, la philantropie se traduit toujours en actes qui ont leur source dans des convictions profondément religieuses, et ce sont ces naturelles inclinations à la bienfaisance qui viennent de lui faire conférer la vice-présidence d'une société respectable, celle de la Morale chrétienne.

La personnalité de M. le comte d'Aunay a un caractère spécial, il offre l'heureuse combinaison des qualités du littérateur instruit, de l'homme du monde et du noble chevalier. En veut-on la preuve? La voici, elle est patente et bien connue, car elle a été produite devant un auditoire d'élite, très nombreux; nous voulons parler du discours qu'il prononça, en qualité de président, à l'ouverture du 10e congrès scientifique, tenu dans la seconde quinzaine du mois de mai 1844, au palais du Luxembourg.

La politesse, envisagée comme lien moral des hommes en société, est le texte sur lequel roule ce discours dont nous ne pouvons que reproduire ici quelques passages, à titres probatifs de l'assertion qui précède :...... « A l'époque où les hommes se sont réunis pour vivre ensemble, ils ont senti qu'ils se devaient des égards mutuels; cette réunion était composée d'êtres forts et d'êtres faibles; ceux-ci avaient besoin d'être protégés ; les autres ont dû nécessairement avoir recours à des formes douces et insinuantes, pour soutenir et faire accepter leur droit de protection par les êtres faibles dont ils avaient besoin de s'entourer pour former une société. — Les hommes avaient la force pour eux, les femmes, par leurs soins empressés, par les grâces qui les entourent, ont cherché à obtenir la protection des hommes, et à diminuer en eux cette âpre rudesse que donne la force physique. Si les femmes se sont servi de leur beauté et de leur aménité pour adoucir la rudesse des hommes, de leur côté, les hommes, pour obtenir des femmes un accueil favorable, ont pensé qu'il était nécessaire d'être auprès d'elles affables, prévenants et respectueux : de là est née la politesse..... La politesse, généralement répandue dans le monde, a donné beaucoup d'influence au supérieur envers son inférieur ; ce dernier éprouve un sentiment de respect pour celui qui lui parle, et cependant, il se sent élevé, tandis que si vous prenez à son égard un ton dur et brusque, pareil au sien, il croit tout de suite que vous cherchez à le rabaisser, et vous perdez dans son esprit toute l'influence qui aurait pu l'entraîner vers vous....... Les femmes ont compris qu'elles avaient besoin de la politesse entre elles; mais celles qui joignent aux charmes de leur personne, aux grâces, à la finesse de l'esprit, une politesse délicate et recherchée, obtiennent un grand empire sur les hommes..... Chez les peuples civilisés, la politesse, l'urbanité, ne sont plus qu'une seule et même chose; de l'urbanité à la galanterie des hommes vis à vis des femmes, il n'y a qu'un pas, je veux parler de cette galanterie respectueuse qui régnait autrefois, dans le temps où un homme se trouvait honoré du regard de sa dame, qui faisait résonner dans son cœur tous les sentiments d'un grand et sublime dévouement. ......Reprenez votre empire, mesdames, conservez-le avec soin; sous lui, les Français étaient regardés comme le peuple qui avait la politesse la plus recherchée et la conversation la plus agréable; c'est à vous de nous ramener à cet ancien temps, c'est à vous que nous devrons d'être cités encore par les autres peuples, pour notre politesse, notre amabilité et notre esprit. »

Tel est le résumé des faits que nous avons pu recueillir sur M. le comte Lepeletier d'Aunay, dont la notice, à défaut d'autre mérite, a du moins celui de ne refléter que des choses parfaitement exactes.

T.
Tisseron

Imprimerie d'AMÉDÉE SAINTIN, rue Saint-Pierre-Montmartre, 17.

www.ingramcontent.com/pod-product-compliance
Lightning Source LLC
Chambersburg PA
CBHW071432060426
42450CB00009BA/2148